par Mignonneau

2899

476f

RÉFLEXIONS POLITIQUES

SUR LA QUESTION PROPOSÉE

PAR L'ACADÉMIE DE CHALONS:

Quels sont les moyens de faire naître & d'encourager le Patriotisme dans une Monarchie, sans altérer ni géner en rien le pouvoir exécutif propre à ce genre de Gouvernement.

Se trouve à PARIS,

Chez BARROIS l'aîné, Libraire, Quai des Augustins, No. 19.

1787.

RÉFLEXIONS POLITIQUES

Sur la Queſtion propoſée par l'Académie de Châlons : — *Quels ſont les moyens de faire naître, &c.*

CES réflexions doivent faire partie d'autres conſidérations politiques ; en les publiant dans ce moment, je n'ai aucune prétention au Prix que l'Académie de Châlons eſt dans l'intention de décerner à celui qui aura le mieux traité l'importante Queſtion qu'elle a propoſée, j'ai voulu ſeulement lui faire hommage de mes idées ſur cet objet.

Quels ſont les moyens de faire naître & d'encourager le Patriotiſme dans une Monarchie, ſans altérer ni gêner en rien le pouvoir exécutif propre à ce genre de Gouvernement.

Telle eſt la Queſtion propoſée par l'Académie.

A

LA plus importante fonction de la Philosophie, & le plus noble emploi que les Gens de Lettres puissent faire de leurs talents, c'est de démontrer aux hommes qu'ils trouveront toujours leur bonheur & leur avantage personnel dans l'attachement à leur Patrie, dans la soumission aux Loix & dans l'exercice d'une bonne morale; c'est de convaincre les Rois que leur véritable intérêt est de régir leurs Peuples par des Loix humaines & sages, de conserver à leurs Sujets, ou de leur redonner de l'énergie par un usage modéré de la puissance souveraine; de les rendre heureux par un sage & utile emploi des tributs & des richesses nationales; enfin de développer & favoriser le patriotisme par tous les moyens possibles.

Jamais, dans notre Europe, les esprits n'ont été plus généralement disposés à entendre avec fruit ces vérités, que dans ce moment; depuis le Trône, jusques sous le chaume, on en sent l'importance ; l'on differte fur leurs conféquences dans les palais des Grands, & à la table des Riches ; l'on s'occupe dans le filence des cabinets à en démontrer les avantages ; & dans fa cabane ou fur fon lit de douleur, l'humble Cultivateur & l'Artifan infirme & abandonné, inftruits de la fermentation générale, ofent enfin fe flatter, avec raifon, de voir améliorer leur fort.

Jadis les Rois, encore à demi-fauvages, de l'Europe, cherchoient à l'emporter & à fe diftinguer entr'eux, par la force du corps, & par un courage féroce qui tenoit plus de la témérité que de la véritable valeur, & qui fouvent entraînoit les plus grands malheurs pour leurs Peuples.

Aujourd'hui les Monarques Européens, fans négliger, dans l'occafion, de montrer une valeur fage & réfléchie, mettent leur gloire à bien gouverner, à améliorer le fort de leurs Peuples, & à perfectionner l'adminiftration dans toutes ſes parties, & ſur-tout dans tout ce qui tient à la légiſlation, aux finances, au commerce & à la culture.

Ce n'eſt qu'en ſe conduiſant ainſi qu'ils peuvent, dans ce ſiecle éclairé, mériter & acquérir une véritable gloire, gloire d'autant plus ſolide & plus flat-teuſe, qu'elle eſt accompagnée de la reconnoiſſance & des bénédictions de leurs Peuples, & qu'elle a pour baſe le bonheur de l'humanité.

Dans l'état actuel des choſes, & d'après la diſpoſition générale des eſprits, tous les Rois de l'Europe ſont dans l'heureuſe poſſibilité d'exécuter leurs projets de bienfaiſance, & de réaliſer les vues paternelles qui les animent; mais de tous les Potentats, le Monarque de la France jouit, à cet égard, des plus grands & des plus précieux avantages.

Pere adoré d'une grande & géné-reuſe Nation paſſionnée pour ſes Rois, le Monarque en France joint à cet avantage, celui de régir un empire qui ne fe trouve point, comme la plupart des autres, habité par deux Nations ennemies, l'une conquérante, & l'autre fujette ou efclave.

Depuis des fiecles, les différentes races de Francs, de Gaulois, de Romains, & celles des Goths & des Danois, qui font, avec les Belges, les fouches diverfes de la nation Françaife, fe font tellement amalgamées & fondues enfemble; & à des époques plus rapprochées de nous, la tyrannie du gouvernement féodal, fource éternelle de divifions inteftines, s'eft fi complettement évanouie devant la Majefté royale, que tous les Habitants de la France fe regardent aujourd'hui comme freres, comme fils d'un même pere, & comme membres d'une feule famille, (1) plus

----

(1) Les Notables ont dit au Roi, qu'il n'y avoit, à proprement parler, qu'un Ordre en France, que la Nation étoit une, & que le premier des titres aux yeux des Grands & des Princes même du

ou moins bien partagés, il est vrai, des dons de la fortune, mais n'en étant pas moins tous Français pour cela.

C'est cette affection filiale des Français pour leurs Rois, publiquement reconnue par notre Monarque dans l'Assemblée qu'il vient de convoquer ; c'est cette unité, cette identité nationale, que les premiers Ordres de l'Etat se font fait une gloire, dans cette même Assemblée, de consacrer en principe, qui font la plus grande force de la Monarchie Française, & qui donneront toujours à nos Rois, exclusivement à tous autres, les plus puissants moyens pour faire le bien de l'Etat, & pour détruire les abus qui, tôt ou tard, se glissent dans toutes les institutions humaines.

Le plus grand des abus dans un Etat monarchique, feroit, ou un gouvernement destructeur des Loix, ou un gou-

---

Sang Royal, étoit d'être Français !... Ce feroit faire injure à nos Lecteurs, que de nous permettre des réflexions fur un langage aussi noble.

vernement infouciant, & complice, par cela feul, des malheurs publics ; l'un ou l'autre, en faifant plus ou moins directement le malheur des Peuples, les détache également de l'amour qu'ils doivent à leur patrie, ébranle, par cela feul, la bafe des Empires, & finit par les anéantir.

Expofons donc quels font les principaux moyens par lefquels, dans une Monarchie, l'on peut prévenir ces malheurs, ou les réparer ; en un mot, faire renaître ou fortifier le patriotifme.

Malgré l'opinion contraire d'un grand homme, je l'ai dit ailleurs (1), & je le penfe. . . . . le patriotifme n'eft pas plus étranger aux Citoyens d'une Monarchie qu'à ceux d'une République, mais il dérive & eft exalté par une caufe différente.

Dans les Républiques, le patriotifme naît de la conviction que chaque Ci-

____

(1) Confidérations Politiques, page 12.

toyen a de la fageſſe & de l'excellence des Loix, qu'il ſuppoſe concourir à l'avantage général.

Dans les Monarchies, il naît de la confiance que la Nation croit devoir à ſon Roi, & des vues utiles & bien-faiſantes qu'elle lui connoît, ou qu'elle lui ſuppoſe.

D'où il réſulte que le premier mobile du patriotiſme, dans les Monarchies en général , & en France en particulier, eſt l'opinion que le Monarque a donnée à la Nation de ſon zele pour le bien public, de ſa loyauté, en un mot de ſon caractere.

Rien de plus ſimple & de moins ſyſtématique que cette idée. Lorſque je préſentai cette vérité dans les Con-ſidérations Politiques, j'eus la ſatisfac-tion de la voir ſaiſie & applaudie par les Philoſophes, par les Gens de Lettres & par des Hom mes d'Etat.

J'ai l'avantage aujourd'hui de la voir invinciblement prouvée par les faits qui viennent de se passer sous nos yeux ; & pour en convaincre, je n'ai besoin que de résumer ces faits.

Par une suite d'événements malheureux, inutiles à détailler ici, mais universellement connus, la France avoit perdu sa considération au - dehors, & sa tranquillité au - dedans, lorsque Louis XVI monta sur le Trône. Ce jeune Roi, doué d'un cœur loyal & sensible, & qui tenoit à honneur d'être né Français, & de régner sur des Français (1), se promit à lui-même de réparer tant de maux, & de régénérer une

____

(1) Les Freres du Roi pensent, à cet égard, comme Sa Majesté. —— *MONSIEUR* a dit, en adressant la parole au Roi, que *l'honneur d'être le premier des Gentilshommes Français, lui étoit bien précieux, puisqu'il lui procuroit l'avantage d'être leur organe auprès de Sa Majesté.*

Un tel langage dans la bouche de nos Princes, les rend bien chers à toute la Nation, & certes, jamais ils ne sont plus grands que quand ils paroissent oublier leur rang, pour se rapprocher de nous, & s'identifier avec tous les Français.

Nation qui, bien que découragée, ne méconnoiſſoit ni ſes forces, ni ſes reſſources. La premiere opération du Roi, fut de rendre aux Loix & aux Magiſtrats, leur antique ſplendeur. Le calme rétabli dans l'intérieur, le Monarque, en créant une marine, ſe mit en état de faire reſpecter la Nation audehors, ou de repouſſer les inſultes de ſes ennemis : la guerre éclata, mais des avantages marqués ramenerent une paix honorable, & qui lava la Nation de l'opprobre de n'être pas maîtreſſe chez elle, & dans ſes propres ports. LOUIS XVI n'abuſant point de ſa poſition, & ſatisfait d'avoir affoibli une puiſſance rivale, en détachant la moitié d'un monde de ſon Empire, conſentit à la paix, à des conditions plus avantageuſes que l'Angleterre n'avoit droit d'eſpérer ; & par cette conduite ſage & modérée, il éteignit, ou du moins affoiblit la haine de cette Nation, & ſe concilia l'eſtime & la confiance de toutes les Puiſſances, qui lui en donnerent des preuves en s'en rap-portant plus d'une fois à ſa médiation ſur leurs différends, prêts à embraſer l'Europe.

Cette politique ſage & humaine, & cette conduite ſoutenue, en méritant à Louis XVI l'eſtime & l'amitié des Puiſſances étrangeres, lui avoient éga-lement concilié l'amour & la confiance de ſes Sujets.

Depuis la paix, de grandes opérations, ou exécutées, ou projettées, telles que les canaux arrêtés ou commencés dans diverſes provinces, les ports de Dunker-que, du Havre, de la Rochelle, de Cette, d'Agde, de Vendre, réparés & augmentés, celui de Cherbourg créé, & entrepris pour donner dans la Manche un aſyle à nos eſcadres, qui n'en avoient point dans cette mer, (ouvrage prodi-gieux qu'il faut avoir vu pour pouvoir l'apprécier, & qui peut influer puiſſam-ment ſur le repos de l'Europe entiere, en éloignant déformais la guerre, par la raifon feule, que nous ferions plus en état de la faire avec fuccès.) Les encouragements donnés aux pêches, au commerce & à diverfes manufactures; l'effai fait en Guienne & en Berri d'adminiftrations paternelles; la fuppreffion des tortures, en attendant une réforme complette du Code criminel; les foulagements provifoires donnés aux malheureux qui gémiffent dans les hôpitaux; l'engagement public & touchant pris par le Monarque, de venir plus efficacement encore au fecours de ces milliers d'infortunés, dans un terme court & fixe; l'invitation attendriffante faite, par un Roi fenfible, à fes Sujets riches ou aifés, de contribuer avec lui au foulagement de fes Sujets pauvres & fouffrants; tout cela avoit de jour en jour fortifié l'amour & la confiance des Français pour leur Roi, & les avoit difpofés à de nouveaux efforts & à de grands facrifices, fi les befoins de l'Etat

& l'honneur du nom Français l'exi-
geoient.

Telle étoit la disposition des esprits,
quand Louis XVI convoqua autour
de son Trône une Assemblée nationale,
pour lui révéler un secret qui pesoit
sur son cœur, & pour dévoiler la situation des finances de l'Etat, situation
dont le Roi s'étoit instruit en silence,
par un travail suivi & opiniâtre de plus
d'une année.

Les guerres dispendieuses & désas-
treuses des Rois ses prédécesseurs,
avoient déjà plusieurs fois porté le désor-
dre dans les finances; la guerre néces-
saire que Louis XVI lui-même avoit
terminée honorablement, & d'autres
causes sans doute, avoient encore fait
renaître le mal, la plaie étoit profonde,
invétérée, & menaçoit le Corps politique d'un bouleversement fatal & pro-
chain. Les Rois ses prédécesseurs avoient
essayé d'arrêter les progrès de cette gan-
grene politique, mais des palliatifs

cruels & déshonorants en la mafquant un moment, n'avoient fervi en réalité, qu'à l'accroître, en perdant le crédit public & en favorifant ou faifant naître mille défordres, réfultats néceffaires de l'injuftice, de la mauvaife foi, du dé-faut de confiance & de l'abus de l'auto-rité.

Louis XVI fentit que de pareils moyens non feulement étoient infuffi-fants, mais qu'ils étoient honteux, in-dignes d'un grand Roi, & que loin d'opérer le bien, ils ne pouvoient que déshonorer le Gouvernement & per-vertir une Nation noble & généreufe, en lui donnant du haut du Trône l'exem-ple odieux de l'injuftice, de la baffeffe & de la mauvaife foi.

Louis XVI ayant donc adopté un plan digne de lui, parut avec confiance au milieu des Repréfentants de la Na-tion, environné de fa probité, de fa loyauté, de fon amour reconnu pour fon Peuple, du fouvenir confolant de tout ce qu'il avoit déjà fait pour le manifefter, depuis qu'il étoit fur le Trône, & apportant avec lui, pour relever encore le courage de fes Sujets, les projets falutaires & paternels de la deftruction des entraves du Commerce, de l'encouragement de l'Agriculture, par la liberté de difpofer de fes produits, de la fuppreffion des corvées, de la modification des gabelles, de la réforme d'une partie des dépenfes dans les divers départemens, de celle des dépenfes de fa propre Maifon, & enfin l'établiffement fi defiré & fi important des Affemblées provinciales dans toutes les parties de fon Empire, qui n'avoient point l'avantage d'être Pays d'Etats, bienfait lui feul inappréciable, & dont il eft impoffible encore de calculer les nombreux avantages.

C'eft au milieu de ce cortege que le Pere de la Patrie ne craignit pas de découvrir à fes enfants, à fes concitoyens, le défordre des finances : après leur

avoir fait fonder la profondeur du mal ,
c'eſt à leur amour pour lui , & à la no-
bleſſe du caractere national, qu'il s'en
rapporta pour combler l'abîme, & pour
ramener enfin l'ordre ſi néceſſaire, &
au bonheur des Peuples , & à la conſidération de l'Etat au-dehors.

LOUIS XVI ne fut point trompé
dans ſon attente , & malgré l'énormité
du mal qu'il falloit réparer, & la gran-
deur des ſacrifices néceſſaires pour y
parvenir, l'Aſſemblée, frappée du caractere de ſon Roi, & des vues nobles &
patriotiques qui l'avoient conſtamment
dirigé depuis qu'il occupe le Trône , &
qui l'animoient encore dans ce moment;
l'Aſſemblée, après avoir pris connoiſ-
ſance, & des maux & des moyens propres à les réparer, s'empreſſa de voter
pour ces moyens.

C'eſt ici que l'on peut juger de toutes
les reſſources d'un Roi de France qui
a eu l'avantage de ſe concilier l'opinion
publique, par ſa conduite, & du pouvoir

voir qu'il a de faire naître & d'exalter le patriotifme dans le cœur de fes Sujets, fur-tout quand ce Monarque a le bonheur de régner dans un fiecle éclairé.

Si depuis notre Henri IV, que les Pontifes de Rome oferent deshériter & flageller, après avoir traité ainfi tant d'autres Monarques, le pouvoir facerdotal, graces au progrès des lumieres, ne s'eft plus permis de pareils écarts : fi depuis Louis XIII, l'anarchie féodale eft détruite, & le pouvoir tyrannique des Grands anéanti, il étoit refté de ces régimes monftrueux & deftructeurs des Empires & du bonheur des Peuples, il étoit refté bien des abus, dont les plus grands étoient, fans doute, de voir au milieu d'une Nation éclairée, le Peuple cultivateur porter prefque tout le poids des impôts, par la raifon feule qu'il n'avoit ni richeffes, ni dignités, ni crédit, pendant que la claffe des Citoyens Eccléfiaftiques ou Séculiers qui jouiſſoient par leur naiſſance, ou par les bienfaits du Monarque, de tous les avantages attachés à la fortune & aux places éminentes, ne payoient que peu ou point de tributs à l'Etat: de voir que le Laboureur, qui pouvoit à peine ſe procurer le néceſſaire, en cultivant, à la ſueur de ſon front, un ou deux arpents, payoit des tributs à l'Etat pour les biens de la terre qu'il faiſoit naître, pendant que les riches oiſifs qui enfermoient dans leurs parcs des centaines d'arpents qu'ils enlevoient à la culture, & qu'ils vouoient à la ſtérilité, ne payoient aucun tribut pour ces vaſtes poſſeſſions, par la raiſon ſeule qu'ils étoient riches, & qu'ils frappoient de ſtérilité une partie du ſol de la France, pour ſatisfaire leurs goûts ou leurs caprices.

Il n'étoit pas moins déplorable de voir les Payſans employés forcément une partie de l'année, à conſtruire & réparer les grandes routes à leurs frais,

(puifque l'on prenoit leur temps , leurs
bras , leurs outils , leurs chevaux ,)
pendant que les riches & grands Pro-
priétaires de terre, auxquels ces travaux
étoient le plus utile , n'y contribuoient
ni de leurs perfonnes , ni de leurs
bourfes.

L'Affemblée frappée de ces puiffantes
confidérations mifes fous fes yeux par
fon Roi, a prouvé qu'un Souverain en
France ne peut avoir la volonté du
bien , fans infpirer à fes Sujets la volonté de le faire : en effet , malgré des
préjugés enracinés qui remontoient à
des fiecles (préjugés qu'une Philofophie
bienfaifante , & toujours calomniée ,
n'a ceffé de combattre avec autant de
fuccès que de courage, depuis l'im-
mortel Fénelon jufqu'à nos jours ,) la
Nobleffe & le Clergé, fe montrant
véritablement dignes, & du nom de
Français , & du fiecle éclairé dans lequel
nous avons le bonheur de vivre, ont
voté unanimement de fe foumettre à

toutes les impoſitions néceſſaires aux beſoins de la Patrie, ſans aucune diſtinction, & dans la même proportion que le Tiers-Etat.

Ces deux Ordres ont voté également pour que toutes les terres qui leur appartiennent, & particuliérement les domaines de pur agrément, qui, preſque généralement, ſe trouvent dans leurs mains, fuſſent aſſujettis à l'impôt, comme les poſſeſſions du dernier Payſan.

Ces mêmes Ordres ont voté encore pour contribuer tous & chacun individuellement, à la preſtation en argent qui remplacera déſormais les corvées en nature.

C'eſt ce renoncement patriotique des premiers Ordres de l'Etat, à des privileges abuſifs & onéreux au Peuple, qui procurera un des moyens les plus efficaces de couvrir le *déficit*.

Enfin, les trois Ordres en remerciant le Roi de ſes vues paternelles, & de la création des Assemblées provinciales, ont promis à Sa Majesté de s'occuper, dans ces mêmes Assemblées, de tous les moyens propres à assurer le bonheur des Peuples, & l'exécution complette des vues du Roi.

C'est ainsi que s'est terminée une Assemblée qui, sous un Roi qui eût inspiré moins de confiance, loin de produire aucun bien, auroit pu même être le germe de nouveaux malheurs ; mais qui, dans les circonstances actuelles, a prouvé qu'il est de toute vérité, que dans une Monarchie, & particuliérement en France ; le patriotisme des Citoyens tient absolument à l'opinion que la Nation s'est faite du caractere de son Roi, soit d'après ses propres actions, soit d'après les vues utiles & bienfaisantes qu'elle lui connoît ou qu'elle lui suppose ; vérité bien importante pour le bonheur des Peuples, & pour l'instruction des Rois, & dont l'application, dans le moment préfent, eft également glorieufe, & pour LOUIS XVI, & pour la Nation Françaife.

Mais fi dans une Monarchie l'opinion avantageufe que la Nation fe forme de fon Roi, eft le premier mobile du patriotifme, s'il n'eft pas même de patriotifme dans cette forme de Gouvernement, fans cette condition, les mœurs publiques marchent immédiatement après.

Or les mœurs publiques dépendent aujourd'hui en Europe, & finguliérement en France, des femmes feules.

Que les femmes fe livrent moins au luxe & à de vaines diffipations qu'elles appellent des *plaifirs*, & les hommes qui fe modelent fur elles, ne perdront pas leur vie entiere à faire des riens, ou à ne rien faire.

Que les femmes, au lieu de prodiguer toutes leurs attentions à de fots automates dont le fexe eft une énigme, bas & gaûches Jokeis le matin, poupées fades & ridicules le soir ; que les femmes s'environnent des défenseurs de la Patrie, qu'elles réservent leurs égards pour les Citoyens de toutes les claffes, qui marquent par leur mérite, alors elles fe verront refpectées, & feront naître des hommes utiles à la Patrie.

Que les femmes daignent faire leur propre bonheur, en faifant celui de leurs époux, de leurs enfants, & au lieu de fe livrer à des occupations qui leur font étrangeres, au lieu d'affecter au péril de leurs mœurs, les goûts & les travers des hommes, & d'ofer même en porter l'habit, au très-grand détriment de leurs graces; qu'elles s'attachent à développer dans l'intérieur de leurs maifons, les talents dont la Nature les a douées pour l'ordre & l'économie, & bientôt la foule des célibataires difparoîtra, ainfi que les abus qui en réfultent; car, je le répete, ce font les femmes qui, en France fur-tout, donnent du reffort aux mœurs publiques, ou les étouffent à leur gré.

Il eft encore des caufes fecondaires & des moyens communs à toutes les formes de Gouvernements, qui tendent & fervent à exalter le patriotifme dans toutes les claffes, & à le propager parmi tous les individus de chacune de ces claffes.

J'expoferai ici quelques-uns de ces moyens, & commençant par les premieres claffes, je defcendrai graduellement aux dernieres : peut-être me verrai-je obligé de préfenter quelques idées que j'ai déjà mifes fous les yeux du Public, dans les Confidérations Politiques ; mais en admettant que ces idées foient utiles, elles ne fçauroient être trop fouvent difcutées, d'ailleurs elles tiennent directement à la queftion que je traite.

J'ai fouvent entendu répéter comme un reproche, que tels ou tels Miniftres étoient ambitieux de fe faire un nom ; certes, bien loin de leur en fçavoir mauvais gré, c'eft ce que l'on doit le plus defirer, & il me paroît que s'il eft de l'intérêt de l'Etat de modérer les récompenfes pécuniaires, il feroit également de fon intérêt de donner une émulation patriotique aux Miniftres, en confacrant dans les monuments publics les grandes & utiles opérations de ceux qui auroient rendu des fervices éclatants dans leurs départements.

Par exemple, les Etats de Bretagne ont décerné à Sa Majefté une ftatue qui doit être placée à Breft ; au lieu de laiffer la ftatue du Roi ifolée & infignifiante, ou de l'environner de chaînes & de nations vaincues, idées rebattues & odieufes, ne feroit-il pas plus convenable, pour préfenter à la Nation, & pour rappeller à la poftérité & aux Nations étrangeres les grandes créations faites par Sa Majefté & par fon Miniftre, dans la Marine & dans les différents Ports de France, de mettre aux pieds du Roi ce même Miniftre déployant devant Sa Majefté le plan de la rade de Cherbourg, ce monument de géants, fait lui feul pour immortalifer un regne?.... Sur une des extrémités du plan, on liroit en caracteres d'or : — Ports du Havre & de Dunkerque creufés & augmentés, Ports de Cette, d'Agde & de Vendre réparés ou plutôt recréés. — Primes d'encouragement pour les pêches, pour le commerce de la Baltique, &c. — Atlas général des mers, & en particulier de la Baltique, dreffé par ordre du Gouvernement, pour la fûreté des Navigateurs. — Subordination & difcipline raffermies. — Faftes de la Marine Françaife confacrés par la peinture, à la poftérité, aux frais de l'Etat. — Nouveaux fecours affurés aux Invalides de la Marine & aux enfants des Matelots. — Voyage autour du monde ordonné & exécuté. — Communication fûre, prompte & réguliere, établie entre la France & les Indes Orientales, d'une part, & entre la

France , les Antilles & l'Amérique , d'autre part, &c. &c.

Certes un pareil monument ne feroit plus infignifiant, il honoreroit la Nation qui le décerne, loin de la rendre fufpecte d'adulation , & deviendroit pour le Miniftre coopérateur du Monarque, la plus noble récompenfe qu'il puiffe ambitionner.

Les perfonnes qui ne réfléchiffent point fur les reffources de l'art & du génie des Artiftes, pourroient çraindre peut-être que dans un pareil monument l'attention du Roi ne parût trop divifée entre ce qui fe pafferoit fur la rade , & l'objet intéreffant que lui préfenteroit fon Miniftre; rien de plus aifé que de parer à çette difficulté. — Le Roi dans une attitude noble , les yeux fixés fur la rade , étendroit avec feu le bras droit vers le goulet, & par ce gefte impofant défigneroit à fes efcadres l'ordre de fortir, pour protéger fes Sujets , & pour attaquer fes ennemis ; & le bras gauche à moitié déployé vers le Maréchal, Sa Majesté paroîtroit prête à prendre le plan de la rade de Cherbourg que lui préfenteroit fon Miniftre.

L'on n'a peut-être pas fenti affez gé-néralement combien le choix que l'on a fait de la ville, & fur-tout du port de Breft, pour placer la ftatue du Roi, eft important, politiquement parlant; en effet, jamais un vaiffeau, une efcadre, une flotte, n'entreront dans la rade, ou n'en fortiront fans faluer le Roi de leur artillerie; or, je demande à quiconque connoît la Nation Françaife, & l'efprit des Matelots & du Militaire Français, s'il eft poffible de calculer à quel point la vue de leur Roi peut exalter leur imagination, & fi les honneurs qu'ils lui rendront avant de fortir pour .com-battre fes ennemis, ne feront pas des engagements folemnels de fe conduire en braves foldats & en dignes Français ? Combien ne feroient-ils pas humiliés de reparoître vaincus devant leur Roi, à moins que des forces majeures, ou des circonftances impérieufes, ne les difculpaffent aux yeux de la Nation? Non, il n'eft pas poffible de prévoir l'effet que produira fur notre Marine l'érection de la ftatue du Roi à Breft, & fa pofition en vue de la rade.

Je crois auffi qu'il feroit infiniment utile de faire l'honneur aux Officiers de la Marine, de donner leur nom à un des vaiffeaux du Roi, quand ils auroient rendu un fervice fignalé, en protégeant ou fauvant des flottes marchandes, ou en fe diftinguant d'une maniere éclatante dans un combat général ou particulier; je n'ai pas befoin d'obferver, en écrivant pour des Français, quelle prodigieufe émulation réfulteroit de cette fimple faveur, & combien d'actions héroïques elle enfanteroit; la fimple réflexion fait fentir qu'il feroit bien autrement ftimulant pour des Français, de monter le Duquefne, le Tourville, le Duguai-

Trouin, le Jean Bart, le Suffren, le
Durumain, le Mortemart, le Charitte,
le Grimoard, &c. &c., que de com-
mander la Junon, la Pallas, le Jupiter
ou le Pluton.

S'il n'eft pas poffible de faire pour
les Officiers des armées de terre ce que
je propofe pour ceux de la Marine,
l'on pourroit, je crois, fans inconvénient, adopter le plan que j'ai déjà
tracé en leur faveur dans la fuite des
Confidérations Politiques : ce plan con-
fifte à établir dans chaque régiment une
caiffe, dont les fonds feroient unique-
ment deftinés à affurer des penfions
fuffifantes aux veuves & enfants des
Officiers morts au fervice, & des retraites aux Officiers mutilés & eftropiés,
ou à ceux que l'âge ou les infirmités
rendroient incapables de fervir ; cet établiffement auroit le double avantage de
foulager le Tréfor Royal, & de raffurer
les Officiers fur leur propre fort, & fur
celui de leurs enfants & de leurs veuves.

Cette caisse seroit formée par la rètenue annuelle du quarantieme de la solde de tous les contribuables, depuis le Colonel jusqu'au Sous-Lieutenant, & les pensions seroient plus ou moins considérables, suivant les années de service.

Le Roi, en adoptant ce plan & en augmentant la solde actuelle des Officiers de tout grade, du quarantieme que je propose d'en déduire annuellement, y trouveroit encore une économie considérable, puisque si la solde des Officiers de tout grade monte, par supposition, à vingt millions, le Roi ne l'augmenteroit que de cinq cents mille francs ; or, il est incontestable que les pensions que Sa Majesté paie aux Officiers, ou à leurs veuves & enfants, s'élevent à plusieurs millions ; donc il y auroit d'ici à quelques années une économie notable pour le Roi, en adoptant ce plan, & dans cette hypothese, aucun Officier ne seroit inquiet ſur ſon ſort futur, ni ſur celui de ſa famille, & aucun ne trouveroit ſa délicateſſe bleſſée de toucher ſa penſion ſur la caiſſe de ſon régiment, puiſque chacun d'eux auroit contribué de ſa propre bourſe à former la maſſe ſur laquelle ſa retraite ſeroit aſſignée. Je crois que cet arrangement ne pourroit auſſi qu'augmenter l'attachement des Militaires pour leur état, & conſéquemment tourneroit à l'avantage général.

Au ſurplus, rentrant dans mon ſujet, j'obſerverai que ſi la Capitale décerne un jour une ſtatue à L o u i s XVI, il conviendroit, écartant toute idée de luxe, de rappeller au Peuple de cette grande Métropole, que ſon Roi s'eſt toujours occupé particuliérement d'adoucir ſon ſort & ſes peines.

Or, une ſimple ſtatue pédeſtre érigée, ſoit dans la place que procurera naturellement & ſans frais la deſtruction d'une grande partie de l'Hôtel-Dieu actuel,

actuel, soit ailleurs, & représentant le Roi portant une main sur son cœur, & prenant de l'autre main, avec l'expression de la sensibilité dans les yeux, le rapport de MM. les Commissaires de l'Académie, relatif à la construction des nouveaux hôpitaux, que lui présenteroit le Ministre de Paris, qui a favorisé de tout son pouvoir ce projet de bienfaisance, feroit, sans doute, un monument simple & sans faste, mais, à coup sûr, le plus touchant & le moins dispendieux de cette grande Capitale.

Sur la premiere feuille du rapport, l'on pourroit tracer les noms de MM. les Commissaires, & celui de M. Poyet, qui a réveillé l'attention publique sur cet objet.

Je ne sçais si je me trompe, en jugeant des sentiments des autres par les miens ; mais il me paroît que ce monument peu dispendieux pourroit devenir l'objet d'une souscription volontaire, &, à ce titre, faire aux yeux des étrangers, autant d'honneur à la Nation, qu'au Monarque même.

Si les Miniſtres qui dirigent avec diſtinction le Corps politique, ſi les Guerriers qui le défendent, méritent d'être honorés & encouragés, les Magiſtrats qui préſident au maintien de l'ordre & de la juſtice dans l'intérieur, ne méritent pas moins la reconnoiſſance de la Nation.

Ils jouiſſent déjà de la conſidération générale ; mais il ſeroit poſſible de l'accroître encore, ſi le Monarque jugeoit à propos de charger quelques-uns des anciens Magiſtrats, que l'âge écarte du torrent des affaires, d'exercer un miniſtere de confiance, qui auroit le double avantage d'écarter du Souverain la poſſibilité de faire le mal d'aucun de ſes Sujets, ſans le ſçavoir ou ſans le vouloir, & de raſſurer ceux-ci ſur la crainte trop bien fondée, d'après les faits, d'être quelquefois victimes des ſurpriſes faites à la religion du Roi, ou à celle de ſes Miniſtres.

Je veux parler des Lettres-de-cachet: dans des temps orageux l'on crut en avoir befoin pour s'affurer de Sujets puiffants, & dont la fidélité étoit ou paroiffoit fufpecte; de nos jours où le refpect général pour les Loix, & le dévouement de toute la Nation pour le Trône, rendent de pareilles craintes chimériques, l'on a cru pouvoir en continuer l'ufage, pour fauver l'honneur des familles, & pour prévenir ou cacher des crimes particuliers ; mais ce qui, dans l'intention du Gouvernement, étoit originairement une précaution paternelle & falutaire, eft devenu trop fouvent, par la marche naturelle des chofes humaines, une arme meurtriere & terrible qui, contre l'intention du Monarque, & fouvent contre celle des Miniftres mêmes, porte le défefpoir & la mort dans le cœur d'une foule d'innocents, & qui frappant de terreur tous les Citoyens qui ne marquent point dans le monde d'une maniere tranchante, par leur naiſſance, par leurs places ou par leur fortune, (& il en eſt des millions) leur fait craindre, d'après des exemples connus, de ſe voir un jour victimes de ce régime, à l'inſçu, & du Roi & même de ſes Mi-niſtres, ſoit d'après les paſſions des ſubalternes, ſoit d'après les paſſions, bien plus odieuſes encore, de leurs propres parents.

Il eſt temps, ſous un Monarque ami des Loix & de la Juſtice, & ſous des Miniſtres ennemis de la violence & des abus d'autorité, il eſt temps, ſi l'on juge encore les Lettres-de-cachet né-ceſſaires dans certaines circonſtances, de raſſurer au moins tous les Citoyens contre les ſurpriſes faites à l'autorité; & le moyen que je vais propoſer, en rempliſſant ce but ſalutaire, auroit en-core l'avantage de procurer à des Ma-giſtrats reſpectables la plus noble & la moins coûteuſe des récompenſes, celle d'être honorés de la confiance particullere de leur Souverain, & de protéger l'innocence contre les pieges de l'intrigue & de la calomnie.

Ce moyen bien simple feroit que Sa Majefté établît une Commiffion d'anciens Magiftrats d'une réputation intacte & d'une prudence éprouvée, dont l'unique fonction feroit de figner toutes les Lettres-de-cachet jugées néceffaires, de fe tranfporter deux fois par femaine à la Baftille & dans toutes les Maifons de force, & d'y voir fans témoins tous les prifonniers dont ils recevroient les plaintes & les Mémoires.

Deux fois par mois, ces Magiftrats feroient leur rapport à Sa Majefté, qui de cette maniere feroit toujours à portée de juger par elle-même du nombre des prifonniers, des caufes & des motifs de leur détention, & de la conduite des Gouverneurs ou autres prépofés à leur garde.

Par ce moyen, la Nation feroit raffurée, puifque fi l'on avoit le malheur

d'être arrêté par Lettre-de-cachet &
fouſtrait aux formes ordinaires de la
Juſtice, l'on ſçauroit du moins que l'on
trouveroit des conſolateurs & des pro-
tecteurs dans des Magiſtrats íntegres &
reſpectables.

L'on ſçauroit que le Roi ſeroit ſûre-
ment inſtruit de votre détention & de
ſes motifs, & que par conſéquent l'on
n'oſeroit plus abuſer de ſon nom ſacré,
pour perdre & pour tourmenter des innocents.

L'on ſçauroit que même étant cou-
pable, l'on trouveroit un terme à ſa
punition, dans la clémence & la bonté
de ſon Roi.

Enfin l'on ſeroit aſſuré que ſi la faute
étoit irrémiſſible, l'on ne ſeroit pas du
moins vexé par les Gouverneurs, d'une
maniere qui répugne également à la
juſtice du Roi & à l'humanité, puiſque ces cruautés obſcures n'ont d'autre
but que de ſatisfaire la cupidité de

ces préposés, ou de leurs subalternes.

Ceux-ci redoutant les visites des Magistrats, dépositaires de la confiance de Sa Majesté, se renfermeroient dans les bornes de leurs devoirs, & n'en deviendroient que plus dignes de leurs places.

Tous les infortunés qui habitent ces tristes lieux, sçauroient qu'on ne pourroit plus par avarice ou par caprice les priver impunément des soulagements que la bienfaisance du Roi leur destine; ces infortunés n'éprouveroient pas sur-tout le désespoir de penser qu'ils peuvent être oubliés (ainsi que cela n'est que trop souvent arrivé) dans ces Prisons Royales, après la mort ou le déplacement des personnes qui ont cru avoir quelqu'intérêt à les y faire renfermer.

Tel est le moyen bien simple de parer à tant d'abus, & tel est, suivant moi, un des moyens les moins coûteux & les plus nobles de récompenser le patriotifme des Magiftrats vertueux.

L'Ordre du Clergé renferme un grand nombre de Sujets, recommandables à tous égards, & cet Ordre vient récemment d'en donner la preuve en abjurant toute diftinction nuifible à fes Concitoyens, & en renonçant à des privileges contraires au bien de l'Etat & au bonheur des Peuples ; mais les motifs qui déterminent les Miniftres des Autels à faire & à donner l'exemple du bien, n'ayant rien d'humain, la feule récompenfe qu'ils en attendent, eft le témoignage de leur propre confcience : ils ne peuvent cependant empêcher que ce fentiment intérieur & fi fatisfaifant ne foit alors accompagné de l'eftime & de la reconnoiffance de leurs Concitoyens.

Une jufte confidération, toujours accompagnée d'une fortune plus ou moins confidérable, fruit légitime de leurs travaux, doivent être la récompenfe de l'honnête Négociant, de l'industrieux Manufacturier & de l'Artiste ingénieux ; toutes les fois que ces Citoyens utiles jouiront de ce double avantage, ils seront attachés à leur Patrie & la préféreront à tout.

Le modeste & précieux Laboureur, l'Artisan laborieux, le Journalier moins heureux & moins exigeant encore, seront satisfaits & aimeront leur Patrie, quand ils verront le Gouvernement, ainsi que dans le moment actuel, s'occuper de leur sort & l'améliorer autant qu'il est possible, & quand, à l'exemple du Gouvernement, ils verront les Grands & les riches les compter au nombre des hommes, & contribuer à leur soulagement par des sacrifices généreux.

Les Matelots, cette classe d'hommes si précieuse & si importante, redoubleront d'attachement pour leur Patrie, quand ils se verront traités avec une humanité indulgente, très-compatible avec la fermeté de la discipline ; quand ils croiront que la Patrie servira après leur mort, de mere à leurs veuves & à leurs enfants ; quand ils sçauront qu'ils ont dans divers endroits de la France, comme les Matelots Anglais, à *Gréenvich* & ailleurs, sinon des palais pour retraites, au moins des asyles décents & assurés.

Si en France l'on se décidoit à élever des retraites pour les Matelots, je croirois, comme je l'ai dit ailleurs, qu'il seroit très-utile pour le service de la Marine, de leur en construire une sur les rives de la Seine, dans le voisinage de la Capitale ; ce bâtiment frappant continuellement les yeux & l'imagination de la jeunesse de cette grande Ville, contribueroit probablement à procurer à la Marine une foule de Recrues, Mousses ou Matelots : ce seroit encore une disposition sage & bienfaisante que de placer dans ces maisons, pour soigner les malades & les vieillards, & pour entretenir le linge, les veuves

& les filles des anciens Matelots.

Le Soldat Français eſt plein d'ame & d'honneur, & naturellement attaché à ſa Patrie ; s'il déſerte, ce n'eſt le plus ſouvent que parce que dans les réglements de diſcipline, l'on a quelquefois perdu de vue le caractere & le génie national, ou bien par une ſuite de ſa légéreté. Il eſt aiſé, quand on le voudra, de remédier au premier inconvénient, & l'on pourroit mettre un frein au ſecond, en rédigeant ſur les notes qui en ſeroient données par les Etats-Majors des Régiments, un Journal qui contiendroit les belles actions des Soldats de chaque Régiment ; l'on en remettroit, tous les trois mois, deux exemplaires à chaque Compagnie, & tous les jours on en feroit la lecture pendant un quart-d'heure dans les caſernes.

Cet uſage, en conſacrant la mémoire de mille traits de valeur & de vertu, éleveroit encore l'ame du Soldat Français, lui donneroit une haute opinion de lui-même & de ses camarades, & par cela seul pourroit le dégoûter du service étranger : des travaux modérés & qui procureroient aux Soldats une petite gratification journaliere, seroient sans doute aussi très-utiles pour remplir ce but salutaire. Il est à présumer que la suppression des corvées en nature, & le projet économique de fixer les Régiments pendant sept à huit années dans les mêmes garnisons , pourront amener l'exécution d'une partie de ces vues , & redoubler l'attachement de nos Soldats pour leur Patrie, en les occupant utilement & en améliorant leur sort.

Enfin la classe des Citoyens la plus malheureuse, est sans doute celle des Enfants-trouvés, destinés par le crime & la barbarie de leurs parents, ou par leur extrême misere, à ne jamais prononcer les noms si doux de pere, de mere, de frere & de sœur !.... Devenus enfants de l'Etat, qui a pris soin de leurs premieres années, il seroit digne d'un Gouvernement humain de ne pas les abandonner dans leur adolefcence; & pour qu'ils puffent rendre un jour à l'Etat des fervices, après en avoir reçu des fecours, il feroit à defirer qu'il fût poffible de les fixer dès le premier âge, dans les cantons de nos Provinces les moins habités & les moins cultivés; & là, lorfqu'ils feroient parvenus à l'âge de faire un choix entre le fervice militaire ou le travail des terres, leur laiffer la liberté d'opter : s'ils prenoient le dernier parti, l'Etat donneroit à chacun d'eux quelques arpents de friches fufceptibles de culture, une chaumiere, quelques beftiaux, & des inftruments de labour; s'ils entroient au fervice, après deux ou trois engagements expirés, le Roi feroit don également, à ceux qui voudroient en fortir, de terres cultivables, de beftiaux, &c. & enfin les uns & les autres feroient libres de choifir des époufes parmi les filles dépofées aux Enfants - trouvés, dont l'Etat auroit également pris foin, & qui l'indemniferoient alors par leur mariage, & par les enfants qu'elles donneroient à la Patrie, des dépenfes que l'on auroit faites pour elles.

J'eftime que fi ce plan étoit mis à exécution, il en réfulteroit entr'autres avantages, celui d'attacher inviolable-ment cette nombreufe claffe d'individus à la Patrie bienfaifante qui auroit tout fait pour eux.

Au refte, je fuis convaincu que le plus fûr moyen d'opérer fur cet objet, comme fur une infinité d'autres, tout le bien poffible & de la maniere la plus avantageufe, étoit d'établir les Affem-blées Provinciales ; & je ne doute pas que leurs opérations ne tendent à déve-lopper & à fortifier l'amour de la Patrie, dans toutes les claffes de Citoyens, & dans le cœur de chaque individu.

F I N.